AF595276

REQUÊTE

POUR LE SIEUR

MARC-ANTOINE RÉTAUX DE VILLETTE,

ANCIEN GENDARME, Accusé;

CONTRE M. LE PROCUREUR GÉNÉRAL, *Accusateur ;*

EN présence de M. le Cardinal-Prince DE ROHAN, de la dame DE LA MOTTE-VALOIS, du sieur CAGLIOSTRO, de la demoiselle D'OLIVA, & autres ; tous co-Accusés.

A PARIS,

Chez P. G. SIMON & N. H. NYON, Imprimeurs du Parlement, *rue Mignon, quartier Saint André-des-Arcs.*

M. DCC. LXXXVI.

A NOSSEIGNEURS
DE PARLEMENT,

Les Grand'Chambre & Tournelle assemblées.

SUPPLIE humblement MARC-ANTOINE RÉTAUX DE VILLETTE, ancien Gendarme, Accusé;

Contre M. le Procureur Général, Accusateur;

En présence de M. le Cardinal-Prince DE ROHAN, de la dame DE LA MOTTE-VALOIS, du sieur CAGLIOSTRO, de la demoiselle LE GUAY dite *d'Oliva*, & autres, tous co-Accusés.

DISANT que, depuis trois mois, renfermé dans une prison inaccessible; poursuivi au nom de M. le Procureur Général, sur les apparences d'un délit grave; calomnié par le public, pour d'autres crimes imaginaires; environné, sans le savoir, d'une prévention universelle, avant d'avoir pu encore élever la voix pour se faire entendre; le Suppliant, qu'enfin réclame sa famille, trop long-temps effrayée & plongée dans le désespoir, apprend que déjà l'on s'apprête à prononcer sur son sort : le rapport est commencé, & dans ce moment

§ A 2

extrême, il obtient pour la premiere fois, la liberté de se défendre. Justice, ou faveur, peut-être tardive ! L'innocence trompée ose du moins remettre dans vos mains le principal soin de sa justification, ô vous, Magistrats, aussi éclairés que sensibles, qui présidâtes à l'instruction des procédures. Dans ces longues conférences qui amenerent si souvent le Suppliant à vos pieds, vous vîtes bientôt, non sans surprise, sa trop crédule inexpérience, sa légèreté extraordinaire & sa folle ingénuité ; vous connoissez tous les élémens de son caractere, moins à blâmer qu'à plaindre ; vous connoissez la séductrice artificieuse & perfide qui l'avoit frappé d'aveuglement, pour le pousser dans l'abîme ; vous l'avez jugé plus malheureux que coupable. Puissions-nous faire passer vos sentimens dans le cœur de tous ses Juges, & votre opinion dans tous les esprits !

Soit que dans les accusations éclatantes on ne puisse être cru innocent ou coupable à demi ; soit que le sort condamne les hommes foibles & inconsidérés à servir tour à tour de jouet ou de victime à l'intrigue & aux calomnies, il n'y a pas d'imputation absurde dont le nom *de Villette* ne soit devenu l'odieux objet, du moment qu'une fois il fut associé aux soupçons de la fraude commise pour l'acquisition du fameux collier. On se rappelle encore que, dès avant son arrivée à Paris, *Villette* étoit annoncé comme déjà condamné en Suisse à un supplice capital. A peine interrogé, une fausse renommée fit retentir ces mots, *il a tout déclaré ;* & lorsque deux mois après, il eut confessé en effet les vérités dont il avoit connoissance, la calomnie reprit : « il » avoue le complot d'un empoisonnement. »

On s'est lassé enfin de croire à ces abominables impostures. Tout le monde ſait qu'il ne s'agit point de défendre ici un empoiſonneur ou un aſſaſſin. On ſait que le Suppliant n'a jamais voyagé en Suiſſe; jamais eſſuyé à Geneve d'autre aventure fâcheuſe, que celle qui le fit arrêter & ramener en France, à l'occaſion de l'affaire du collier (1). Mais il faut qu'on ſache encore que ce n'eſt point, comme on l'a dit, « *un homme venu autrefois de Bar-ſur-Aube, à la ſuite des ſieur & dame de la Motte, pour s'attacher à leur deſtinée ;* » qu'on ſache qu'ils habitoient la Capitale dès l'année 1781, & que le Suppliant amené en cette Ville en Janvier 1784, pour ſolliciter l'agrément d'un emploi militaire, ne renoua connoiſſance avec eux qu'au mois de Mai ſuivant; il faut qu'on ſache enfin que, juſqu'au temps de ces liaiſons funeſtes, ſa vie entiere avoit été exempte du plus léger reproche.

Fils du Directeur-général des Octrois de la ville de Lyon, le Suppliant naquit dans cette ville au mois de Février 1754 (2); il en ſortit en 1767, quand la dame ſa mere, alors veuve, tranſporta ſa demeure à Troyes, où elle lui fit achever ſes études. Mais ſes goûts le portoient au ſervice militaire. La demoiſelle ſa ſœur venoit d'épouſer un Capitaine d'Artillerie. Il ſuivit ſon beau-frere, en 1772, aux Ecoles de Bapaume, puis à Douay, & fit même quelques progrès

(1) Faut-il raconter l'anecdote? Une rixe, peut-être apprêtée, s'éleve dans un lieu public, entre deux Horlogers Genevois. Le François, témoin, accourt vers eux pour calmer leur violence : on le ſaiſit, lui & les querelleurs. — D'où êtes-vous? — De Lyon. — Il vient de s'y commettre un vol conſidérable : qui vous a conduit ici? — Aucune affaire. — Votre nom? Ici, comme dans mon enfance, Marc-Antoine; plus ordinairement Rétaux de Villette. — En priſon. — Peu de jours après, un Inſpecteur de Police arrive de Paris, & part pour la Baſtille avec le priſonnier de Geneve.

(2) Cependant la dame de la Motte lui donnoit 33 ans, au mois de Février 1785; le public, plus libéral encore, lui en a donné 55.

dans les Mathématiques. Malheureusement l'Ecole de Bapaume fut alors supprimée. Ce contre-tems découragea le Suppliant, qui, perdant l'espoir d'être bientôt admis au Corps-Royal de l'Artillerie, & impatient d'obtenir un Brevet, se résolut d'entrer dans celui de la Gendarmerie. Après six ans d'un service honorable, il l'a quitté pour répondre à l'offre obligeante d'un Officier de Maréchaussée de la ville de Reims, qui consentoit à se démettre en sa faveur. C'est à cette époque, & pour ce sujet, qu'il vint à Paris en Janvier 1784. Ainsi, trente ans de bonne conduite, une naissance honnête, une éducation soignée, l'expectative prochaine d'un emploi solide, tout, comme on le voit, sembloit promettre au Suppliant l'avenir le plus heureux. Faut-il qu'un seul moment ait vu s'évanouir pour jamais de si flatteuses apparences!

Déja des certificats de services avantageux, soutenus de la recommendation d'une Princesse & de trois grands Seigneurs que l'état actuel du Suppliant ne permet pas de nommer (1), lui avoient procuré une réponse favorable du Ministre de la Guerre: il alloit être nommé au poste d'Abbeville, lorsqu'une cruelle fatalité (en Mai 1784) le conduisit à la rencontre du sieur de la Motte, ancien camarade qu'il avoit connu d'abord à Lunéville, & plus particuliérement ensuite à Bar-sur-Aube. Les relations de pays & de profession se rétablirent aisément entr'eux. Présenté à la dame de la Motte par son mari, le Suppliant reçut d'elle un accueil obligeant. Peu-à-peu leur maison devint sa société habituelle; la confiance

(1) Leurs Lettres, déposées dans les Bureaux du sieur Sevin, témoignent que le sieur Villette avoit alors de puissans protecteurs; d'autres, qu'on a saisies sur lui, déposées au Greffe de la Cour, ou remises à MM. les Gens du Roi, le prouvent encore davantage.

naquit ; & comme chez le Suppliant elle eſt facile à l'excès, il leur fit part bientôt de ſon projet prêt à réuſſir ; il leur communiqua, ſans réſerve, l'état de ſes affaires. Celles des ſieur & dame de la Motte avoient bien changé. Déja brilloit chez eux l'image du faſte & de la magnificence ; leur vanité s'étoit accrue avec leur fortune ; ils parurent regarder avec mépris le titre d'Officier de Maréchauſſée que briguoit le Suppliant. Quittez ce deſſein, lui diſoient-ils, nous ſaurons vous placer d'une maniere plus honnête. Il eut la foibleſſe d'abandonner en effet, pour l'ombre, la réalité ; il retira des fonds qu'on avoit dépoſés pour lui à Reims, ſe livra tout entier au torrent des illuſions, & finit, ſuivant l'uſage, par demeurer la dupe & l'eſclave de ſes prétendus protecteurs.

Déplorable exemple du danger des liaiſons dans la Capitale ! Tombé inſenſiblement, & par ſes attachemens, & par ſes eſpérances, dans une ſorte de dépendance des ſieur & dame de la Motte, le Suppliant s'employoit quelquefois, pour plaire à la dame, dans ſa correſpondance avec M. le Cardinal de Rohan, dont elle paroiſſoit avoir, à un ſouverain degré, la confiance & les bonnes graces. Réponſes, projets de lettres, mémoires, il liſoit, copioit, le plus ſouvent ſans rien entendre. Mais voyant toujours, ou croyant voir, malgré la diſtance des rangs, la plus étroite intimité entre les perſonnes ; ébloui de ce trait de lumiere qui perçoit de toute part dans la maiſon de la dame de la Motte, il avoit oſé concevoir l'idée de réuſſir un jour à détourner ſur lui-même quelque rayon de la bienfaiſance du Prince : erreur ſéduiſante que nourriſſoit ſa propre intimité avec la dame de la Motte, & la perſuaſion où il étoit, qu'elle vouloit bien parler favorablement de lui à M. le Cardinal.

C'eſt au milieu de cette agitation vaine qu'on l'a, preſque à ſon inſçu, fait ſervir d'inſtrument à l'infernale machination du collier, dont les ſuites ont été ſi funeſtes; ainſi la fraude adroite vint le ſurprendre au ſein du délire. Daignent les Magiſtrats entendre encore de ſa bouche cet étonnant récit qu'il a baigné déja plus d'une fois des larmes du repentir.

Un jour dont le ſouvenir périſſe! c'etoit au mois de Janvier 1785, la dame de la Motte, me déclare de ce ton de confidence qui pouvoit flatter le plus mon amour-propre & enflammer mon zèle, que M. le Cardinal de Rohan voulant faire l'acquiſition d'un collier de diamans du plus grand prix, entend ſe ſervir de ma main pour mettre le dernier ſçeau à ſon marché avec les Joailliers; puis ſans laiſſer le tems à la réflexion, me préſentant un écrit qui renfermoit des conventions *tracées par M. le Cardinal de Rohan*, dont je reconnus parfaitement l'écriture; mettez, dit-elle, ſur chaque article, en marge, le mot *approuvé*. J'écrivis *approuvé*. — Portant enſuite le doigt au bas de la marge, écrivez-là ces autres mots, *Marie-Antoinette de France;* ces quatre mots ne forment le ſeing de perſonne qui vive. Au reſte, ce n'eſt pas moi qui vous parle ici; M. le Cardinal de Rohan ordonne : il a ſes raiſons; votre intérêt à vous c'eſt de lui montrer une ſoumiſſion aveugle qui trouvera ſa récompenſe. Jamais une écriture appoſée, par ſon ordre, à côté de la ſienne, ne peut courir le moindre haſard : je vous promets d'ailleurs, je vous jure en ſon nom, qu'elles ne ſortiront ni l'une ni l'autre de ſes mains, & tout, dans peu de jours, ſera déchiré à vos yeux.

Elle dit, & ma main abuſée.....

La

La cruelle enchantereſſe remit auſſi-tôt mon écriture dans les mains de M. le Cardinal de Rohan, & pourſuivant le charme, lui fit croire (au moins il l'aſſure) que c'étoit l'ouvrage & le nom d'une perſonne auguſte, nom chéri, nom ſacré, qu'en adorant toujours je n'oſerai plus prononcer.

Le voilà donc : dirons-nous — le malheur ou le crime du Suppliant ? Les paroles qu'il avoit tracées à la marge d'un écrit de M. le Cardinal de Rohan pour obéir aux intentions de ſon Eminence, & dans l'intime perſuaſion qu'elle ſeule en détermineroit le ſens & l'uſage ; ces mêmes paroles, on prétend qu'à la faveur d'une fourberie atroce autant qu'impoſſible à prévoir, elles ont achevé d'égarer ce Prince. Il a vu, dit-on, (apparemment ſans y regarder) le nom de la Reine où n'étoit point ce nom (1), le ſeing de la Reine, où n'étoit ni écriture, ni ſignature reſſemblante à celle de la Reine (2). Delà ces abus ſans doute involontaires d'un nom révéré, & cette longue ſuite de malheurs dont a retenti l'Europe entiere. Certes, il eſt affreux pour le Suppliant d'avoir préparé, ſans le ſavoir, l'une des cauſes occaſionnelles de tant de maux ; tranquille avec ſa conſcience, il ne pourra jamais ſe pardonner un trait d'imprudence ou de foibleſſe auſſi funeſte. Mais enfin qu'on le diſe, eſt-ce bien à lui qu'il faut adreſſer les premiers reproches ? eſt-ce lui qui a traité du collier, qui a cité, nommé. . . . . ? a-t-il même écrit un nom ? & les aſſurances de la dame de la Motte, la propre écriture de M. le Cardinal ne l'ont-elles pas induit en

---

(1) Tout le monde ſait par cœur le nom de notre Auguſte Souveraine MARIE-ANTOINETTE-JOSEPH-JEANNE DE LORRAINE.

(2) La ſignature ordinaire des Reines de France n'eſt autre que celle ci, LA REINE.

erreur? ne furent-elles pas le motif, ne doivent-elles pas être aussi l'excuse de sa faute ?

Cependant M. le Cardinal de Rohan, dans son courroux, affecte par-tout de confondre le Suppliant avec la véritable auteur de ses disgraces. Sa modération quelquefois l'abandonne, il cesse d'être juste, & se plaignant d'avoir été cruellement trompé lui-même, il semble avoir marqué pour ses vengeances une autre victime non moins infortunée de la séduction & du mensonge. Qu'il soit donc permis, sans oublier ce qui est dû de respect au rang, à la personne & aux malheurs du Prince, de reprendre dans sa défense les outrageuses inculpations de fraude & de complicité dont le Suppliant a eu la douleur de se voir noirci, sans sujet, comme sans preuve, à chaque page d'un long Mémoire.

L'ami, le confident, l'agent d'intrigue de la dame de la Motte, l'homme venu jadis avec les deux époux pour s'attacher à leur destinée, riche & pauvre avec eux, relégué d'abord dans un grenier, puis logé dans un appartement de 1500 liv., oiseau de nuit, fabricateur de lettres, &c. Voilà sous quels traits est désigné le Suppliant dans tous les écrits de M. le Cardinal. Disons la vérité, sans vouloir peindre personne. La dame de la Motte n'avoit pas *un ami* : elle en avoit beaucoup ou elle n'en avoit point. Ses *confidens* c'étoient ses dupes : tous ceux qui avoient le malheur de la connoître étoient, sans s'en douter, ses *agens d'intrigue*. Le Suppliant n'a pas plus qu'un autre mérité près d'elle de pareilles qualifications. Arrivé à Paris trois ans plus tard que les sieur & dame de la Motte, ignorant pendant quatre mois jusqu'à leur demeure ; s'il les a fréquentés depuis la fin de Mai 1784 jusqu'en Août 1785, c'étoit publiquement, au grand jour & ſans myſtere. Loin de partager leur ſubite opulence, ayant perdu d'abord par leurs conſeils un emploi avantageux, il conſuma enſuite dans leur ſociété les fonds d'argent qui devoient le lui procurer. Du reſte, on ne l'a vu, à aucune époque de cette liaiſon de quatorze mois, augmenter en rien ſa dépenſe ou changer de maniere de vivre. Deſcendu en arrivant à l'hôtel du Saint-Eſprit, puis logé à un quatrieme dans une maiſon rue des Petits-Carreaux; il a fini par occuper un appartement au même étage, rue Saint-Louis, où, ſans payer de loyer, il faiſoit encore un bénéfice de 250 livres par année, ſur le bail entier de la maiſon qui lui avoit été rétrocédé (1). Quant au mot odieux de *fabricateur de lettres*, on a peine à concevoir qu'il ait pu échapper aux Défenſeurs de M. le Cardinal. Oui, le Suppliant a écrit des lettres pour la dame de la Motte. Hé bien! écrire, dans ce cas, eſt-ce donc *fabriquer?* Déſormais tout Secrétaire ſeroit donc auſſi un *fabricateur.* Quelle riſible équivoque! Ajoutez que le Suppliant eſt le ſeul qui ait parlé de lettres ou de projets de lettres dans le cours du procès. M. le Cardinal, la dame de la Motte, unanimes ſur ce point, chacun pour leurs raiſons, ont déclaré *n'en avoir pas connoiſſance.* Pas une n'eſt produite, ... & l'on veut néanmoins que le Suppliant ſoit un fabricateur de lettres?

Voici quelque choſe de plus grave.

Vous aſſiſtâtes à la ſcandaleuſe ſcène des jardins de Verſailles, obſerve-t-on au Suppliant. *Vous dûtes voir dès-lors que M. le Cardinal de Rohan étoit indignement abuſé; la*

(1) Voyez l'acte de rétroceſſion au nombre des Pieces juſtificatives.

dame de la Motte ingrate à l'excès & perfide. . . . . Point du tout, le jeu insolent de la demoiselle d'Oliva, dont le Suppliant n'avoit point sçu le projet & dont il ne fut pas *témoin*, quoiqu'il se trouvât à Versailles au moment où elle se passoit, parut à ses yeux, lorsqu'on lui en fit le récit au soupé, une plaisanterie folle & sans objet. Il a bien pu en rire étourdiment, quelques minutes; jamais il n'y pensa depuis.

Et *ces diamans*, continue-t-on, *que dès le mois de Février 1785, moins de dix jours après l'escroquerie du collier, vous exposiez en vente pour le compte de la dame de la Motte......* Ces diamans, voici leur histoire. Rien ne prouve qu'ils eussent jamais fait partie du collier. Le Suppliant qui les tenoit en effet de la dame de la Motte, avoit été les proposer de sa part à des Juifs : le prix qu'ils en offrirent n'ayant pas convenu, il les rendit à la dame de la Motte, qui les a fait vendre depuis par le sieur Filleux, Avocat à Bar-sur-Aube. Que veut-on conclure d'un pareil fait (1)?

Mais enfin cette fuite de Paris, au 3 Août 1785, & ces 4000 livres que vous reçûtes alors des sieur & dame de la Motte...... Le Suppliant n'a point fui en partant de Paris. Curieux depuis long-tems d'aller voir l'Italie, il voyageoit si lentement, que, parti le 3, il se trouvoit encore le 20 Août à Lyon, sa patrie (2). Si de cette Ville, il a passé à Genève,

(1) Il est prouvé au procès que le sieur de Villette, appellé, interrogé chez M. le Lieutenant de Police, à l'occasion de ces diamans, répondit qu'il les tenoit de la Comtesse de Valois la Motte.

(2) Son Passeport, pour aller en Italie, est daté du 20 Août 1785; il se trouve au nombre des papiers saisis sur lui à la Bastille. Un Passeport....... pour un homme qui fuit......!

c'eſt au bruit de la double détention de M. le Cardinal & de la dame de la Motte, & l'on ſent qu'en de pareilles circonſtances, n'ayant pu retirer encore de leurs mains ſon écriture, il ne devoit pas être en effet ſans quelques allarmes. La dame de la Motte l'avoit obligé en lui prêtant une ſomme aſſez forte à ſon départ, mais c'étoit ſi peu un don, qu'elle en fit bientôt après réclamer le rembourſement par la dame de la Tour ſa belle-ſœur, auprès de la dame Rétaux mere à Bar-ſur-Aube. Rien, comme on le voit, d'extraordinaire ou de repréhenſible dans ces trois faits du prêt d'argent, du départ pour un voyage de pur agrément, & enfin de la retraite chez l'Etranger.

Ainſi donc, oſons le dire avec aſſurance, pas l'ombre d'un ſoupçon de fraude ou de complicité dans toute la conduite du Suppliant. Premierement, s'il eſt vrai qu'il y ait eu des machinations pratiquées dans la négociation du fameux collier, le Suppliant en eſt complettement innocent : il n'en avoit jamais oui parler juſqu'au moment où la dame de la Motte lui fit voir les conventions ou conditions préliminaires de la vente, écrites de la main de M. le Cardinal, & ſignées des Joailliers. Il ignora, long-tems après, ſi le marché avoit été conſommé : on pourroit dire qu'il ignore encore aujourd'hui, & pour qui cette riche emplette étoit deſtinée, & ce qu'elle eſt enfin devenue, tant il regne de contradictions ſur ces deux points entre M. le Cardinal de Rohan & la dame de la Motte.

Secondement, s'il eſt vrai que le collier ait été eſcroqué à M. le Cardinal, dépecé à ſon inſçu, diſſipé par parties, le Suppliant en eſt de même complettement innocent : jamais il n'a vu ni le collier entier, ni la moindre partie détachée du collier (1) : il n'a jamais reçu, jamais vendu, jamais possédé un seul diamant (2) ; jamais attendu de qui que ce soit, jamais demandé, jamais touché une seule obole, à l'occasion du collier.

Troisiemement, s'il est vrai que les quatre mots mis en marge du projet de vente des Joailliers ayent pu influer le moins du monde sur la conclusion de ce marché, voilà le seul point par lequel le Suppliant tienne en quelque chose à l'affaire du collier; &, par ce point-là même, ne craignons pas de dire encore que le Suppliant est *innocent*, ou du moins bien pardonnable, à l'égard de M. le Cardinal de Rohan. Qu'on se peigne en effet sa situation, quand il prêta sa main aux funestes émargemens. La dame de la Motte en qui M. le Cardinal mettoit sa plus entiere confiance ; la dame de la Motte, qui avoit toute celle du Suppliant, présente un écrit tracé de la main de son Eminence, & au nom de ce Prince, c'est-à-dire, au nom de la personne que le Suppliant respectoit davantage, dont il désiroit le plus ardemment, & dont il espéroit la protection ; enfin, au nom du premier Prélat du Royaume, qui ne pouvoit jamais commander une action mauvaise ou dangereuse, la dame de la Motte manifeste des intentions, c'est-à-dire, qu'elle dicte des ordres. Le Suppliant croit voir sa lettre de créance dans l'écrit dont elle est en possession ; croit entendre en elle M. le Cardinal lui-même ; ne peut concevoir

(1) Il a vu seulement des diamans *sur papier* entre les mains des sieur & dame de la Motte.

(2) Le sieur de Villette n'a jamais porté d'autre bague qu'une pierre fausse, achetée chez le nommé Regnier, Joaillier, qui trafiquoit, dit-on, des diamans de la dame de la Motte.

d'inquiétude, en souscrivant à ses volontés, & obéit. Soyons justes ; peu de jeunes gens, en mêmes circonstances, eussent agi différemment.

Un autre moyen de séduction, employé pour surprendre la crédule facilité du Suppliant, étoit cette promesse jurée au nom de M. le Cardinal, que jamais le projet de traité des Joailliers ne sortiroit d'entre ses mains; promesse qu'il avoit réellement faite à la dame de la Motte (il en est convenu dans les confrontations avec le Suppliant). Si elle eût été fidélement remplie, & le Suppliant ne devoit-il pas y compter ? quel inconvénient auroit pu jamais arriver de l'écriture du Suppliant, accolée à l'écriture de M. le Cardinal, sur un projet de marché tenu secret ? C'est donc, nous le disons à regret, la confiance inconsidérée de M. le Cardinal en la dame de la Motte, qui induisit d'abord le Suppliant en erreur : c'est la publicité donnée par M. le Cardinal à un écrit condamné dès sa naissance à ne point voir le jour, qui a fait ensuite la faute, & causé les malheurs du Suppliant. En ce sens, on conviendra qu'il a mérité bien plutôt d'être plaint par M. le Cardinal, que d'essuyer des reproches ou des inculpations de sa part.

Maintenant, si le Suppliant n'est pas coupable envers M. le Cardinal de Rohan, quel autre se pourra croire en droit de l'accuser ou de le juger criminel ? Son action, si imprudente qu'elle puisse être, ne devoit cependant compromettre en rien l'honneur, les intérêts, le nom de qui que ce soit. Un rapport d'Experts Ecrivains a constaté que les quatre mots par lui tracés ressemblent parfaitement à son écriture naturelle (1). On ne peut donc disconvenir qu'il n'a ni voulu

(1) L'œil s'effraye, a dit M. le Cardinal, de la ressemblance des caracteres.

contrefaire, ni en effet imité la maniere d'écrire d'un autre; & qu'il n'a ni réussi ni cherché à déguiser la sienne. Une seconde vérité rigoureusement certaine, c'est que le Suppliant n'a employé la forme de signature de personne; car, y a-t-il quelqu'un qui se nomme......? Nul ne s'est donc trouvé, ni engagé, ni exposé dans les malheureux quatre mots; & l'intérêt seul étant la mesure des actions, nul par conséquent ne seroit fondé à se porter accusateur contre celui qui les a transcrits.

Que s'ils ont en effet concouru, comme on le prétend, à abuser long-temps M. le Cardinal, la faute en est-elle au Suppliant? étoit-ce là une chose qu'il lui fût possible de prévoir? Qu'on se mette un moment en sa place : quoi! le Prince se méprendra à l'écriture qu'il fait tracer lui-même à côté de la sienne! Jamais pareil soupçon ne dut entrer dans l'esprit de celui qui se croyoit, en écrivant, sous la dictée & comme en présence du Prince.

On allegue aujourd'hui qu'en cela l'Ecrivain se trompoit. Soit: mais par quels prestiges l'avoit-on déçu? Par beaucoup de mensonges, d'insinuations, mais sur-tout en lui montrant le projet du marché des Joailliers, rédigé de la propre main de M. le Cardinal. Rien de plus imposant en effet que cette piece dans les mains de la dame de la Motte, pour justifier sa prétendue mission. Il faut donc se rendre justice, & que M. le Cardinal, qui a eu le tort de remettre si inconsidérément un pareil Ecrit à la dame de la Motte, s'en prenne maintenant à lui seul, & de l'erreur qu'il avoit par là autorisée, & de tous les effets que l'erreur ensuite a produits. Ce sont là des conséquences de sa faute, non le crime du Suppliant.

Et les Joailliers eux-mêmes, ont-ils à reprocher le moins du monde au Suppliant les quatre mots d'écriture mis à la marge de leur projet de marché ? Non, du tout : car l'un & l'autre conviennent, & M. le Cardinal reconnoît avec eux, qu'ils ont traité du collier, ſans avoir revu leur projet, qu'ils ont livré le collier, ſans demander même à revoir le projet ; qu'en un mot, ils ont ſuivi dans toute cette négociation la foi de M. le Cardinal ; que même, dans la ſuite, le projet, chargé de l'écriture du Suppliant, fut changé, anéanti, & qu'ils arrêterent avec M. le Cardinal de nouvelles conditions de vente.

Ainſi, comme on le voit, il n'y eut, il n'y aura jamais de réclamation poſſible contre le Suppliant, au ſujet de ſon fatal écrit ; d'un côté, parce qu'il n'a ni contrefait, ni emprunté la ſignature de perſonne, & de l'autre, parce que perſonne n'en a ſouffert, ſi l'on excepte peut-être M. le Cardinal, qui lui-même ne ſeroit pas recevable à s'en plaindre.

Quant au Miniſtère public, véritable & unique Adverſaire du Suppliant ; après ce qui vient d'être dit un, ſeul mot ſemble devoir auſſi le déſarmer lui-même. Ses pourſuites, on le ſçait, n'ont jamais pour principe & pour objet que le maintien de la paix & de l'ordre entre les citoyens. Ici l'action du Suppliant n'a troublé en rien l'harmonie de la ſociété, puiſqu'aucun des membres qui la compoſent n'a droit de la dénoncer. Elle méritoit donc à peine une inſtruction extraordinaire, ſur-tout à l'égard du Suppliant. Ce qu'on peut y voir de foibleſſe, de crédulité, d'étourderie, appartient à lui ſeul. Pour le crime, s'il faut qu'on en trouve, apparemment il eſt à d'autres.

Environné de tous les genres de ſéduction réunis, faut-il s'étonner que le Suppliant ait ſuccombé une minute, quand, dans cette affaire même, M. le Cardinal de Rohan donne l'exemple d'un ſi long & ſi profond aveuglement ? Les liaiſons intimes du Suppliant avec la dame de la Motte, ſes eſpérances dans M. le Cardinal, les paroles trompeuſes de l'une, l'écrit de l'autre, la confiance extrême du Suppliant en tous deux, la circonſtance qu'on ne demandoit ni un déguiſement d'écriture, ni le ſeing d'aucune perſonne, l'aſſurance de tenir ſoigneuſement l'écrit ſecret & de le rendre bientôt ; tout concourut à ſurprendre la réſolution du Suppliant : il fit un mal, en effet leger, ſi l'écrit, ſuivant la promeſſe, fut reſté toujours ignoré. Mais quand, à ce trait d'égarement unique, le Suppliant oppoſe toute une vie pure & irréprochable ; quand on conſidére que ſans ſon aveu, rien n'eût pu le convaincre ; quand on voit qu'il n'a eu ni intérêt ni part aux complots des ſieur & dame de la Motte pour l'eſcroquerie du collier, & que, même au milieu de ces intriguans, ſa probité non équivoque eſt toujours demeurée hors d'atteinte : répondez, ames ſenſibles, ne vous ſemble-t-il pas encore digne d'émouvoir la pitié ſur ſes malheurs, & d'obtenir l'indulgence pour ſa faute ?

Ce considéré, NOSSEIGNEURS, il vous plaiſe décharger le Suppliant de l'accuſation contre lui intentée à la requête de M. le Procureur Général. Et vous ferez bien (1). *Signé* RÉTAUX DE VILLETTE.

MM. TITON DE VILLOTRAN,
&
DUPUIS DE MARCÉ, } *Rapporteurs.*

Me CADOT, Procureur.

---

(1) Quand on voudroit conſidérer l'action du ſieur Villette comme *un faux* dans toute la force du terme (& la ſuppoſition ſans doute eſt outrée), quelle en pourroit être la conſéquence? .....

« *Pour que le faux ſoit puniſſable*, diſent nos Auteurs,* *le concours de trois choſes* » *eſt néceſſaire 1°. L'altération ou changement de la vérité*..... ici point de changement d'écriture: point de contrefaction de ſignature.

* Voyez Jouſſe, Juſt. Crim. tom. 3, pag. 385, art. 6 du tit. 15, liv. 3, part. 1re.

« 2°. *Il faut qu'il y ait dol de la part de celui qui a commis le faux* ..... *parce que* » *là où il n'y a point de dol il n'y a point de crime, & il ne peut y avoir de peine*...... » *On appelle dol* (ajoutent les mêmes Auteurs,*) *toute ruſe, complot ou mauvais* » *deſſein que l'on employe pour tromper quelqu'un ou dans le deſſein de nuire* «..... Ici, point de ruſe, point de complot, puiſque les conditions du marché étoient rédigées, de la main de M. le Cardinal, avant que le ſieur de Villette eût ouï parler du collier..... Point de deſſein de nuire: au contraire, toutes les circonſtances prouvent que le ſieur Villette a cru ne faire autre choſe que ſervir M. le Cardinal.

* *Ibid.* tom. 3, page

« 3°. *Il faut en outre pour que le faux ſoit puniſſable, qu'il cauſe ou puiſſe cauſer* » *du préjudice à quelqu'un* »..... Ici 1°. point de préjudice cauſé à qui que ce ſoit qui porte le nom tracé par le Suppliant, & ce nom n'en pouvoit cauſer aucun, n'étant la ſignature contrefaite de perſonne...... 2°. Point de préjudice porté aux Joailliers, qui n'ont eu connoiſſance de l'écrit qu'après la conſommation totale du marché & la livraiſon du collier...... 3°. Enfin point de préjudice dont M. le Cardinal ſoit recevable à ſe plaindre; parce que c'eſt lui qui a concouru le plus efficacement à jetter le Suppliant dans l'erreur, par la remiſe qu'il a faite à la dame de la Motte des conditions du marché des Joailliers, *écrites de ſa main*. Partant nul motif légal pour appliquer ici au ſieur de Villette la peine des coupables.

www.ingramcontent.com/pod-product-compliance
Lightning Source LLC
LaVergne TN
LVHW011505170726
843501LV00009B/3618

* 9 7 8 2 3 2 9 6 1 9 9 8 9 *